어둠을 몰아내고 붉은 태양이 떠오릅니다.

태양 속의 세발까마귀가 힘차게 날아오릅니다.

새로운 시대를 여는 영웅의 탄생을,

광활한 영토를 호령할 고구려의 건국을

온 세상에 알립니다.

글 | 김성은

대학을 졸업하고 두 아이를 키우면서 그림책의 세계에 푹 빠져
그림책을 기획하고, 글을 쓰고, 만드는 일을 하고 있습니다.
지은 책으로 《까치와 소담이의 수수께끼 놀이》《할아버지의 안경》《말썽꾸러기 또또》
《하늘에 살아, 땅에 살아?》《치과에 사는 괴물》《어디 어디 숨었니?》 등이 있습니다.

그림 | 이지원

경기도에서 태어나 한양여자대학교 일러스트레이션과를 졸업했습니다.
쓰고 그린 책에는 《하늘 끝에 무엇이 있을까?》가 있고,
그린 책에는 《거슈인이 포기와 베스》《어린 왕자》《옛날 사람들은 어떻게 수를 세었을까?》
등이 있습니다. 지금은 mqpm 소속 작가로 활동하고 있습니다.
이 책에서는 주몽의 이야기를 통해 고구려의 모습을 보여 주고자 했습니다.
이를 위해 고구려 벽화에서 모티브를 끄집어 내 재해석하려고 하였습니다.

감수 | 김영심

서울대학교 국사학과를 졸업하고, 같은 학교 대학원에서 한국 고대사를 전공하여 박사 학위를 받았습니다.
한국학중앙연구원, 서울대 규장각을 거쳐 지금은 가톨릭대학교 교양교육원 교수로 있습니다. 지은 책으로는
《한강에서 일어난 백제》《백제의 지방통치》(공저) 《고대 동아세아와 백제》(공저) 등이 있습니다.

탄탄 샘솟는 삼국유사 고구려를 세운 주몽

펴낸이 김동휘 | **펴낸곳** 여원미디어(주) | **주소** 경기도 파주시 회동길 130(문발동) 탄탄스토리하우스
출판등록 제406-2009-0000032호 | **고객상담실** 080-523-4077 | **홈페이지** www.tantani.com
글 김성은 | **그림** 이지원 | **감수** 김영심 | **기획** 아우라, 이상임 | **총괄책임** 김수현 | **편집장** 이정희 | **기획 편집** 최순영, 김희선
디자인기획 여는 | **아트디렉터** 김혜경, 이경수 | **디자인** 이희숙, 정혜란, 김윤신 | **사진진행** 시몽 포토에이전시
제작책임 정원성

판매처 한국가드너(주) | 김미영, 오영남, 전은정, 김명희, 이정희

ⓒ여원미디어 2008 ISBN 978-89-6168-144-5 ISBN 978-89-6168-209-1(세트)

※이 책은 저작권법에 따라 보호받는 저작물로, 무단으로 이 책 내용의 전부 또는 일부를 복사, 복제, 배포하거나 전산장치에 저장할 수 없습니다.
⚠ 주의 1. 책 모서리가 날카로워 다칠 수 있으니 사람을 향해 던지거나 떨어뜨리지 마십시오. 2. 보관 시 직사광선이나 습기 찬 곳은 피해 주십시오.

고구려를 세운 주몽

원작 일연 | 글 김성은 | 그림 이지원

여원◆미디어

금와왕이 부여를 다스리던 때의 이야기입니다.
하루는 금와왕이 태백산(지금의 백두산)으로 사냥을 나갔다가
한 여인을 만났습니다.

여인은 태백산 남쪽에 있는 우발수 강가에 앉아
홀로 슬피 울고 있었습니다.
금와왕은 이상히 여겨 그 까닭을 물었습니다.

"저는 물의 신인 하백의 딸, 유화라 합니다.
동생들과 함께 놀러 나왔다가 천제의 아들 해모수를 만났지요.
해모수와 저는 압록강 가에서 혼인을 하였습니다.

그런데 어느 날 갑자기 해모수가 하늘나라로 돌아가 버렸습니다.
부모님께서는 허락 없이 혼인한 사실을 알고
불같이 화를 내시며 저를 이곳으로 내치셨지요."

해모수는 금와왕이 다스리는 부여를 세운 왕입니다.
금와왕은 해모수의 부인 유화를 그냥 지나칠 수 없어 궁궐로 데려왔습니다.
어느 날 유화의 방으로 강렬한 햇빛이 들어왔습니다.
유화가 자리를 옮겨도 햇빛은 계속 따라와 비추었습니다.

머지않아 유화의 배가 점점 불러 왔습니다.
그 뒤 유화는 커다란 알을 낳았습니다.
이 소식을 들은 금와왕은 나라에 나쁜 일이 일어날 징조라 생각하여
그 알을 당장 갖다 버리라고 명령했습니다.

신하들이 알을 돼지우리에 던졌지만,
돼지들은 먹지 않았습니다.

길에 갖다 버렸지만,
말과 소들이 피해 갔습니다.

들판에 내다 버렸지만,
새들이 날아와 감싸 주었습니다.

금와왕은 할 수 없이
알을 유화에게 돌려주었습니다.
얼마 뒤 사내아이가 알을 깨고
세상에 나왔습니다.

아이는 일곱 살이 되자 스스로 활과 화살을 만들더니,
날아가는 파리도 맞힐 만큼 활 솜씨가 뛰어났습니다.
부여에서는 활 잘 쏘는 사람을 주몽이라 불렀으므로,
아이의 이름을 '주몽'이라 하였습니다.

늠름한 청년이 된 주몽은 금와왕의 일곱 왕자들과 함께 사냥을 다녔습니다.
왕자들이 사슴 한 마리를 잡기 위해 이리저리 몰려다닐 때,
주몽은 혼자서 거뜬히 사슴 열 마리를 잡았습니다.
사람들은 하늘이 내려 준 재주라며 주몽을 따랐습니다.

그러자 왕자들은 주몽을 시샘하기 시작했습니다.
특히 금와왕에 이어 왕위에 오를 대소 왕자는
사람들의 관심을 한 몸에 받는 주몽을 매우 경계하였습니다.

대소 왕자는 금와왕을 찾아가 간곡하게 말했습니다.
"주몽은 위험한 인물입니다. 이대로 두면 나라에 큰 해를 끼칠 것입니다."
금와왕은 주몽을 마구간으로 보내 지켜보기로 했습니다.

주몽은 냄새 나는 마구간에서 하루 종일 지냈습니다.
이른 아침부터 늦은 밤까지 말에게 먹이를 주고, 말똥을 치워야만 했습니다.
주몽은 자신이 한없이 초라하게 느껴졌습니다.

'아, 사는 것이 죽느니만 못하구나.
큰 뜻을 펼치지 못하고 이렇게 살아가야 한단 말인가!'
주몽의 눈에서 주르륵 눈물이 흘러나왔습니다.

그렇게 몇 달이 지났습니다.
하루는 금와왕이 마구간으로 찾아와,
주몽이 어떻게 지내는지 살펴보았습니다.
주몽은 여느 마구간지기처럼 냄새를 풍기며 일하고 있었습니다.

말들은 털이 반지르르 윤기가 흐르고 살이 통통하게 올라 있었습니다.
금와왕은 무척 만족하여 자신은 가장 살찐 말을 타고,
가장 마르고 볼품없는 말은 주몽에게 주고 돌아갔습니다.

주몽은 뛸 듯이 기뻤습니다.
사실 그 말은 쉬지 않고 천 리를 달릴 수 있는 천리마였습니다.
주몽은 첫눈에 그 말을 알아보고 먹이를 적게 주어 삐쩍 마르게 했습니다.

언젠가 금와왕이 찾아올 것이라 생각하고 꾀를 내었던 것이지요.
금와왕이 떠난 뒤, 주몽은 천리마를 정성껏 돌보며
새 나라를 세우고자 하는 큰 뜻을 키워 갔습니다.

한편 부여의 왕자들과 신하들은 주몽을 해치려고 음모를 꾸몄습니다.
유화 부인이 이 사실을 먼저 알고는 주몽을 찾아왔습니다.
"주몽아, 사람들이 너를 해치려고 하는구나.
어서 여기를 떠나 새로운 땅을 찾아가거라."

주몽은 혼자 남을 어머니를 생각하면 마음이 아팠지만,
큰 뜻을 펼치기 위해 부여를 떠나기로 마음먹었습니다.
드디어 주몽은 지혜롭고 용맹스런 세 벗 오이, 마리, 협보와 함께
천리마를 타고 길을 떠났습니다.

주몽은 머나먼 남쪽, 새로운 땅을 향해 밤새 달렸습니다.
날이 밝아 올 무렵, 주몽 일행은 엄수강 가에 이르렀습니다.
그때 뒤에서 말발굽 소리가 요란하게 들렸습니다.
대소 왕자가 보낸 군사들이 주몽을 바짝 뒤쫓아 왔습니다.

앞에는 강물이 굽이쳐 흐르고, 뒤에는 군사들이 쫓아오는 위기의 순간,
주몽은 하늘을 향해 큰 소리로 외쳤습니다.
"나는 천제의 자손이며, 물의 신 하백의 외손자입니다.
어려움에 처했으니 어찌하면 좋겠습니까?"

그 순간 물고기와 자라들이 물 위로 새까맣게 떠올라 다리를 놓았습니다.
주몽과 세 벗은 그 다리를 밟고 무사히 강을 건넜습니다.
대소 왕자의 군사들이 다리를 건너려 하자,
물고기와 자라들은 물속으로 사라져 버렸습니다.

주몽은 계속해서 남쪽으로 달리고 또 달렸습니다.
가는 길에 만나는 사람들은 주몽을 높이 우러르며 뒤를 따랐고,
주몽의 무리는 헤아릴 수 없을 만큼 많아졌습니다.

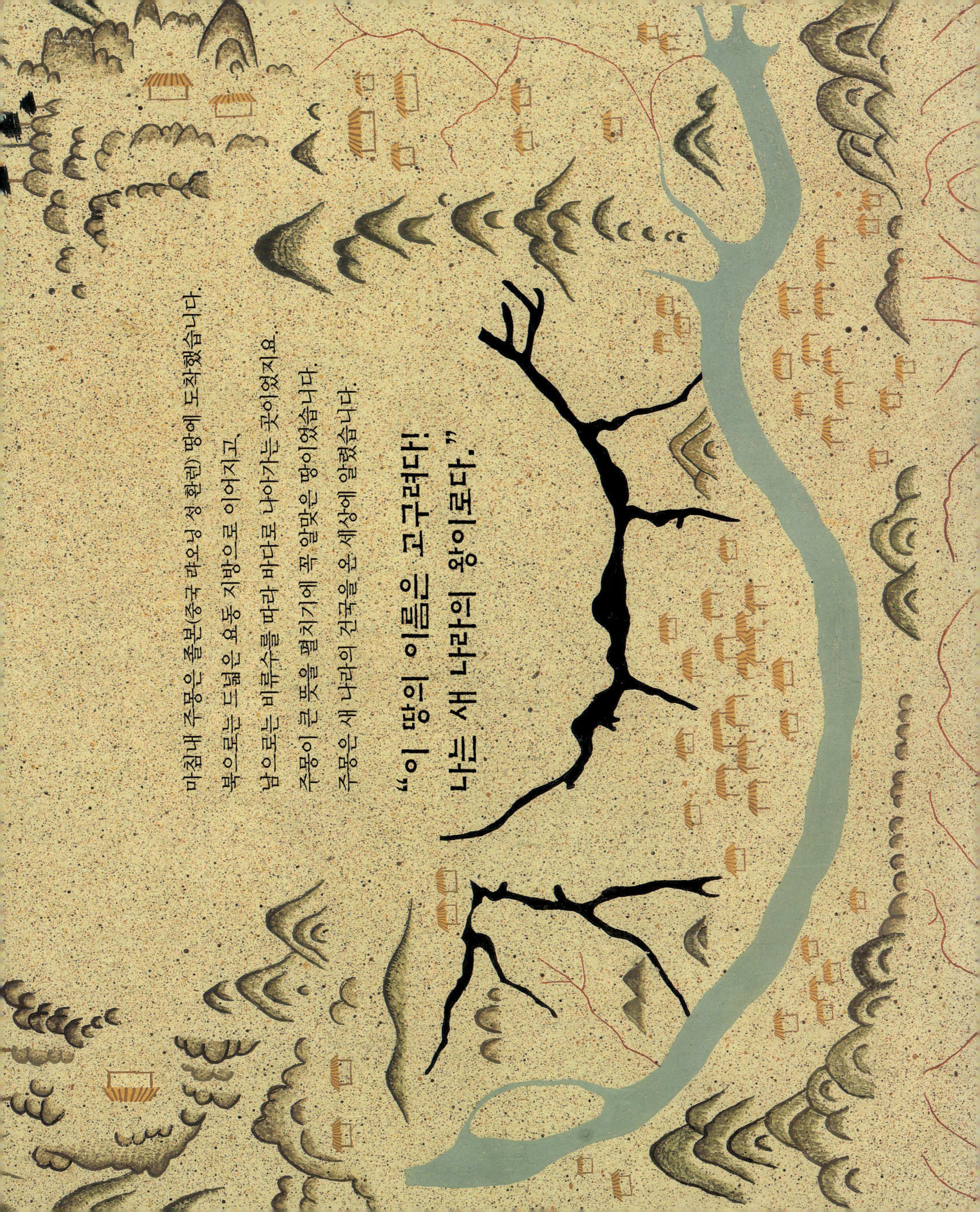

마침내 주몽은 졸본(중국 랴오닝 성 환런 땅)에 도착했습니다.
북으로는 드넓은 요동 지방으로 이어지고,
남으로는 비류수를 따라 바다로 나아가는 곳이었지요.
주몽이 눈 웃음을 펼치기에 꼭 알맞은 땅이었습니다.
주몽은 새 나라의 건국을 온 세상에 알렸습니다.

"이 땅의 이름은 고구려다!
나는 새 나라의 왕이로다."

고구려는 날이 갈수록 커졌습니다.
그러자 주변의 작은 부족들이 스스로 찾아와
고구려의 백성이 되기를 청했습니다.
백성들이 열심히 밭을 일구어 씨를 뿌리니
나라 살림은 날로 늘어났습니다.
주몽은 오녀산에 성을 쌓아 적의 침입을 막고,
궁궐을 지어 나라의 위엄을 갖추었습니다.

700년의 찬란한 역사를 이어 갈
고구려의 태양이 힘차게 솟아올랐습니다.

주몽의 신비한 탄생

이 이야기는 고구려가 어떻게 만들어졌는지 말해 주는 건국 신화야. 이 가운데 가장 중요한 부분은 바로 고구려 시조 주몽의 출생에 대한 것이란다.

주몽의 아버지는 천제의 아들 해모수이고, 어머니는 하백의 딸 유화야. 천제는 하늘의 신이고, 하백은 물의 신이야. 물은 땅을 촉촉하게 만들어 농사를 지을 수 있게 해 주기 때문에 하백은 땅의 신, 농사의 신이라고도 할 수 있단다.

그렇다면 주몽은 어떤 사람이라고 할 수 있을까? 바로 하늘을 다스리는 천제와 땅을 다스리는 하백의 자손이 되는 거야.

그런데 이와 비슷한 이야기를 들어 본 것 같지 않니? 그래, 바로 고조선을 세운 단군왕검 이야기가 그렇지. 단군왕검의 아버지는 환웅이고, 어머니는 웅녀야. 물론 주몽의 부모와 이름은 다르지만 비슷한 점이 많단다. 해모수가 천제의 아들이듯이 환웅은 환인의 아들이지. 환인은 천제와 같이 하늘을 다스리지. 웅녀는 곰이 변해서 된 여인인데, 옛날에는 곰이 땅을 대표하는 신성한 존재라고 생각했단다. 그러니까 단군왕검 역시 하늘의 아들과 땅의 신성한 존재인 곰이 결합해서 태어난 거야.

〈알에서 태어난 영웅들〉

고구려 주몽 | 신라 박혁거세 | 신라 석탈해 | 가야 김수로

이렇게 두 나라의 건국 신화가 비슷한 이유는 무엇일까? 아마도 고조선과 고구려가 세워진 지역이 가깝기 때문일 거야. 사람들의 생각도 비슷해서 서로 닮은 건국 신화를 갖게 되었겠지.

그렇지만 단군왕검과 주몽은 출생에 큰 차이가 있단다. 단군은 사람에게서 태어났지만 주몽은 알에서 태어났어. 물론 알에서 태어난 건국 신화의 주인공은 신라나 가야의 건국 신화에서도 찾아볼 수 있단다. 옛날 사람들은 알을 생명의 근원이라고 생각했어. 그래서 사람이 알에서 태어나는 이야기들을 만들었던 것 같아. 알에서 태어났다면 정말 특별한 사람이겠지? 주몽은 하늘과 땅의 핏줄을 이어받았을 뿐만 아니라 알에서 태어난 특별한 존재인 거지.

> **" 알에서 태어난 고구려의 시조 주몽은 하늘과 땅의 자손이야 "**

〈사람에게서 태어난 영웅들〉

고조선 단군 백제 온조

고구려 건국 신화가 기록된 광개토왕릉비
이 비석은 고구려의 두 번째 도읍 국내성(중국 지안 시)에 있는데, 높이는 6m가 넘는다. 가장 앞부분에 고구려의 건국 신화가 쓰여 있는데, 《삼국유사》의 기록과는 조금 다르다.

 뛰어난 능력을 지닌 영웅 주몽

잠깐, 영웅 가운데 머릿속에 떠오르는 사람이 있니? 조선 시대의 이순신 장군이 생각난다고? 그래, 맞아. 그리스 신화에 나오는 오디세우스도 트로이 전쟁을 승리로 이끌어 영웅이라 불렸지. 프랑스를 위기에서 구한 소녀 잔다르크도 영웅일까? 그래, 영웅이라고 할 수 있지. 그럼 어떤 사람이 영웅일까? 지혜와 재능이 뛰어나고 용맹하며 다른 사람들을 잘 이끄는 사람으로, 보통 사람이 하기 어려운 일을 해내는 사람이야. 역사에 커다란 자취를 남겨 사람들에게 존경 받는 인물이라면 누구든지 영웅이라고 할 수 있어.

영웅들은 끝없는 시련을 극복하면서 용기와 능력을 인정 받는단다. 고구려 건국 신화의 주인공 주몽은 태어나기 전부터 고구려를 세우기까지 여러 시련들을 겪었지. 어머니 유화는 하백에게 쫓겨났고, 궁궐 깊숙한 곳에 갇혔어. 그리고 주몽은 알로 태어나 버려졌어. 또 금와왕의 아들들은 호시탐탐 주몽을 죽이려고 했어. 주몽이 그들을 피해 달아날 때는 큰 강물이 가로막기도 했지.

주몽은 신비한 힘의 도움을 받기도 했지만 자신의 능력으로 이런 시련들을 이겨 냈지. 주몽은 활을 아주 잘 쏘는 재주를 가지고 있었어. 《삼국유사》에는 나오지 않지만, 다른 기록에 소개되어 있는 송양왕과의 대결은 주몽의 뛰어난 활 솜씨를 잘 보여 주는 이야기야. 송양왕은 비류수 상류에서 큰 세력을 떨치고 있었는데, 주몽이 송양왕과의 활 솜씨 겨루기에서 크게 이겨 졸본 지역에 기틀을 마련할 수 있었고, 마침내 고구려를 건국할 수 있었단다.

또 주몽에게는 뛰어난 지도력이 있었어. 부여를 떠날 때 세 벗 오이, 마리, 협보가 함께하잖아. 그들은 고구려를 건국하는 데도 큰 역할을 하지. 또 주몽을 따르는 무리가 많아졌다는 것은 주몽의 지도력이 탁월하다는 것을 보여 주는 거야. 지도자가 능력이 없다면 아무리 하늘의 자손으로 태어났다고 해도 백성들의 존경을 받기 어렵겠지?

또한 초기 고구려는 중국 세력과 싸워야 했고, 동시에 주변의 부족들을 제압해야 했어. 처한 상황이 어려웠던 만큼 뛰어난 지도자가 필요했을 거야. 그 역할을 성공적으로 해낸 주몽이야말로 고구려의 진정한 영웅이 아니었을까?

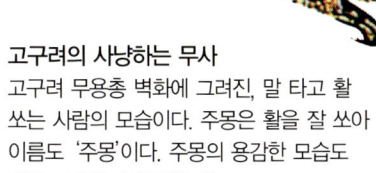

고구려의 사냥하는 무사
고구려 무용총 벽화에 그려진, 말 타고 활 쏘는 사람의 모습이다. 주몽은 활을 잘 쏘아 이름도 '주몽'이다. 주몽의 용감한 모습도 이와 비슷하지 않았을까?

> **주몽이 여러 시련을 이겨 내는 모습들은 그가 용감하고 능력이 뛰어난 왕이라는 것을 말해 준단다**

오녀산성
광개토왕릉비에는 주몽이 졸본의 서쪽 산 위에 성을 쌓고 나라를 세웠다고 기록되어 있다. 이 성이 바로 중국 랴오닝 성 환런에 있는 오녀산성으로 추정된다.

오녀산성에서 바라본 훈 강
오녀산성의 동쪽에는 훈 강이 흐르는데, 비류수라고 추정된다. 지금은 댐을 만들어서 큰 저수지로 바뀌었다.

고구려 사람들의 자부심인 주몽

주몽은 하늘과 땅의 핏줄을 이어받은 성스러운 존재였을 뿐만 아니라 뛰어난 능력을 지닌 영웅이었어. 주몽이 나라를 세운 이야기는 고구려 역사에서 매우 중요한 역할을 했단다.

먼저 주몽의 자손인 고구려 왕들은 그들이 단순한 왕이 아니라 하늘의 자손이라고 생각했어. 주몽의 할아버지가 천제, 즉 하늘의 신이기 때문에 자신들도 하늘의 자손이라고 믿은 거지. 고구려 왕들이 여러 어려움을 이기고 뜻을 펼쳐 나갈 수 있었던 것은 바로 이러한 자부심 때문이었을 거야.

왕이 아닌 귀족과 백성들도 주몽에 대해서 대단한 자부심을 갖고 있었어. 광개토 대왕 때 모두루라는 사람의 무덤에 이런 글이 남아 있단다.

국동대혈에서 제사 지내는 모습
주몽의 뒤를 이은 유리왕이 도읍을 국내성으로 옮긴 뒤에는 국동대혈이라는 아주 신비로운 굴에서 제사를 지냈다. 국동대혈은 국내성 앞을 흐르는 압록강을 타고 동쪽으로 올라간 산에 있었다.

"하백의 손자, 해와 달의 아들 주몽 성왕은 북부여 출신으로 온 세상이 이 나라가 가장 성스럽다는 것을 알 것이다."

여기에서 해와 달의 아들이라는 것은 천제의 아들을 다르게 표현한 거야. 또 주몽이 동부여가 아니라 북부여 출신이라고 한 점도 다르지. 어쨌든 고구려 사람들은 시조가 성스럽기 때문에 그가 세운 고구려 역시 성스럽고 대단하다고 자부심을 가진 거야.

고구려 사람들은 주몽이 자랑스러워 그에 대한 제사도 게을리 하지 않았어. 새로 임금이 된 고구려 왕은 주몽에게 제사를 지내면서 나라의 발전을 기원했지. 그리고 해마다 시월이면 왕을 비롯한 모든 고구려 사람들이 모여 축제를 열었는데, 이것을 '동맹'이라고 한단다. 이 축제에서 주몽 이야기가 연극으로 공연되기도 했어. 고구려 사람들은 주몽의 신비한 탄생과 위대한 업적을 보면서 더욱 자부심을 느꼈을 거야. 고구려는 멸망할 때까지 건국 신화를 중요하게 생각하고, 또 시조를 항상 기억하려고 했단다. 고구려 사람들에게 주몽은 먼 옛날의 왕이 아니라 자신들과 함께하는 영웅이었던 거지.

주몽의 무덤으로 보이는 평양의 동명왕릉
주몽은 역사보다는 신화 속 인물이고, 무덤이 있다면 졸본에 있어야 할 것이다. 이 무덤이 동명왕릉이라고 주장하는 사람들은 고구려가 평양으로 도읍을 옮기면서 동명왕릉도 옮겨 왔을 것이라고 추정하고 있다.

■■ 부록

인트로 　　　그림 이형진
역사의 열쇠 1, 2, 3 글 박성현 | 그림 이유나
역사 놀이터 　글 김성은 | 그림 이윤희

■■ 사진 출처 및 제공처

역사의 열쇠 1 광개토왕릉비_시몽포토
역사의 열쇠 2 고구려의 사냥하는 무사_조선유적유물도감 | 오녀산성, 훈 강_시몽포토
역사의 열쇠 3 동명왕릉_중앙포토

※ 이 책에 사용한 모든 자료의 출처를 밝히기 위해 최선을 다했습니다. 빠지거나 잘못된 점을 알려 주시면 바로잡겠습니다.

■■ 일러두기

· 맞춤법, 띄어쓰기는 국립국어연구원에서 펴낸 〈표준국어대사전〉을 기준으로 삼았습니다.
· 외국 인명, 지명은 국립국어연구원에서 펴낸 〈외래어 표기 용례집〉을 따랐습니다. 단, 중국 지명은 현지음에 따랐습니다.
· 역사 용어는 교육인적자원부에서 펴낸 〈교과서 편수자료〉에 따르되, 어려운 용어는 쉽게 풀어 썼습니다.
· 옛 지명은 ( ) 안에 현재 지명을 함께 적었습니다.
· 연도나 월은 1895년 태양력 사용을 기점으로 이전은 음력으로, 이후는 양력으로 표기했습니다.

▶▶ 역사 놀이터 정답

㉠ ㉡ ㉠ ㉡ ㉠

《고구려를 세운 주몽》은 《삼국유사》 기이 제1편 〈고구려〉에 실린 이야기입니다.
'기이'는 신기하고 묘한 일이라는 뜻으로, 기이 편에는 고조선부터 후삼국까지 우리 역사의
뿌리가 되는 나라와 왕들의 신이한 이야기가 실려 있습니다.